L'ABECEDAIRE
DU
MUSÉE
DES PETITS ENFANTS

ORNÉ DE JOLIES FIGURES.

PARIS
Langlumé et Peltier,
r. du Foin-S.-Jacques.

1840

INTRODUCTION.

Il existe, à quelque distance de Paris, un grand château habité par une dame que l'on a surnommée *la bonne amie des enfants*, parce que chaque année, pendant les vacances, elle se plaît à rassembler tous ceux qu'elle sait avoir bien travaillé, afin de leur procurer les plaisirs de leur âge.

Tout est disposé pour leur amusement dans ce château. Le parc ne contient rien qui puisse leur être nuisible ; ils ont la permission d'y courir tout à leur aise, et d'y cueillir ce qui leur plaît, et jamais on n'a entendu dire qu'ils en aient abusé.

Lorsque le mauvais temps les oblige de

renoncer à la promenade, on leur ouvre une grande salle qui contient toute espèce de joujoux, et, quand ils se sont bien amusés, chacun d'eux peut choisir celui qui est le plus à son gré pour l'emporter chez ses parents.

Mais ce n'est pas tout : à l'extrémité de cette salle se trouve une belle galerie dont *la bonne amie* a seule la clé, et que l'on ne visite que quand il arrive de nouveaux hôtes au château.

Cette galerie s'appelle *le musée de l'enfance,* parce que la dame y a rassemblé des tableaux représentant des actions à imiter et des exemples à fuir à cet âge.

Il est aisé de se figurer les cris de joie qui se font entendre lorsqu'elle annonce l'ouverture du musée, et qu'elle fait signe à ses petits amis de la suivre.

Tous les enfants se pressent autour d'elle, et font aussitôt succéder le plus profond silence à leurs bruyantes acclamations. Alors elle leur explique le sujet de chacun des tableaux, en accompagnant cette petite narration de quelques réflexions morales, que ses jeunes auditeurs ont bien soin de graver dans leur mémoire.

Un de ces aimables enfants m'a raconté quelques-unes de ces intéressantes histoires, et je les transcris ici avec les gravures qui en représentent le sujet.

AMOUR DE DIEU.

L'amour de Dieu (c'est la bonne amie qui parle) est le premier sentiment qui doit remplir le cœur d'un enfant, car c'est à ce bon père que nous devons tout :

Les parents qui nous élèvent et veillent à tous nos besoins ;

Ce beau ciel bleu qui réjouit nos yeux ;

Le soleil qui répand partout la lumière et la chaleur ;

La lune et les étoiles qui brillent au firmament pendant la nuit ;

Les oiseaux dont les chants nous égaient ;

Les arbres, les plantes, les fruits qui couvrent la terre ;

Les poissons que la mer renferme ;

Enfin toutes les choses que nous voyons et beaucoup d'autres que nous ne voyons pas.

C'est ainsi que l'excellente mère des deux jeunes filles que je vais vous montrer ne cesse de les entretenir des bienfaits de Dieu.

Voyez celle qui est agenouillée au pied de la croix, elle se nomme Elizabeth. Depuis qu'elle a fait sa première communion elle n'a jamais donné le moindre sujet de mécontentement à ses parents, et chaque jour elle vient prier Dieu de protéger son père qui voyage bien loin, bien loin. Pendant ce temps, *sa petite sœur Amicie tresse des couronnes de bluets; tour à tour elle les suspend au pied de la croix, ou les place sur la blonde chevelure de sa sœur;* puis s'éloigne, joint les mains en signe d'admiration, puis revient encore pour embrasser Elizabeth; et la voyant toujours en prières, pose un doigt sur ses lèvres, comme pour se recommander à elle-même le silence.

Elizabeth et Amicie ont si bien profité des pieuses exhortations de leur mère, que leur premier soin, en s'éveillant, est d'offrir leur cœur à Dieu et de lui demander la grâce de se bien conduire toute la journée ; jusqu'ici cette prière a été exaucée, car ces enfants sont deux petits anges qui iront un jour dans le ciel, si elles continuent à aimer Dieu et à éviter de l'offenser.

BONTÉ.

La Bonté est une inclination à faire du bien aux autres. Heureux les enfants dont le cœur recèle le germe de cette belle qualité ! Ils seront aimés de Dieu et jouiront du plus doux plaisir que l'on puisse goûter sur la terre, chaque fois qu'ils trouveront l'occasion d'être utiles à leurs semblables.

Le petit Amédée montra de bonne heure les plus heureuses dispositions à cet égard. S'il se trouvait avec un enfant de son âge, ou plus jeune, il allait au-devant de lui, le prenait par la main, lui demandait s'il voulait jouer, et s'empressait de lui offrir son ballon, son tambour, son cheval, enfin tout ce qui était à sa disposition.

Si l'un de ses petits camarades tombait ou se faisait mal, il courait à lui, l'aidait à se relever, et le consolait de son mieux.

Enfin, s'il en voyait un autre en pénitence, il se hâtait de demander sa grâce, et ne reprenait ses jeux qu'après l'avoir obtenue.

En un mot, il était sans cesse occupé des autres ; aussi tous ceux qui le connaissaient l'avaient surnommé le *bon petit cœur*. Dès qu'il paraissait dans une de ces promenades où les enfants se rassemblent ordinairement, on entendait répéter de tous côtés : quel bonheur ! Amédée ! Amédée ! et la troupe joyeuse s'empressait autour de lui.

Je vais vous raconter ce qui lui arriva dans le jardin du Luxembourg ; c'est le moment que j'ai choisi pour le faire peindre ; il avait alors huit ans.

Plusieurs enfants vinrent le prier de danser une ronde avec eux ; il s'y prêta de bonne grâce, quoiqu'il s'amusât beaucoup, dans ce moment-là, à faire courir un grand cerceau que son papa venait de lui donner.

Un instant après, une petite fille vêtue proprement, quoique d'une étoffe grossière, demanda à entrer dans le cercle; mais, après l'avoir regardée d'un air moqueur, on refusa de l'admettre, malgré les réclamations d'Amédée, sous le prétexte qu'on serait trop de monde.

Presque aussitôt ces petits impertinents coururent au-devant d'une autre qui arrivait dans une jolie calèche dorée, et qui portait une pelisse de satin, garnie de fourrure, un chapeau à plumes et un joli manchon, et chacun voulut l'avoir à côté de soi.

Amédée saisit cette occasion de témoigner le mécontentement qu'il venait d'éprouver : « Maintenant, dit-il, *nous sommes trop de monde,* puisque vous n'aviez pas de place à donner tout-à-l'heure. Eh bien ! je cède la mienne à cette belle demoiselle, et je vais jouer avec la pauvre petite dont vous n'avez pas voulu, parce qu'elle n'avait ni plumes ni manchon. »

Et moi, lui dis-je, je vous engage à venir passer les vacances dans mon château, où les vaniteux n'entreront jamais.

Regardez, mes enfants ; voilà son portrait, *au moment où il s'approche de la pauvre petite fille qui pleurait toute seule dans un coin, pour lui offrir ses joujoux.*

Il est en effet venu ici, à la fin de l'été dernier, et il a remporté, pour sa récompense, un carton rempli des plus belles estampes.

COLÈRE.

Après vous avoir montré deux tableaux aussi jolis, je regrette d'être obligée de fixer votre attention sur un spectacle bien affligeant, celui d'un enfant colère.

Voyez comme ce petit malheureux est défiguré. Il fait d'horribles grimaces, il s'arrache les cheveux, et il est devenu tellement effrayant, que tous ses camarades en ont peur, et se sont éloignés de lui. Le dépit qu'il en éprouve lui fait briser tous ses joujoux.

Voulez-vous savoir pourquoi il s'est mis dans un si triste état? C'est tout simplement parce qu'on n'a pas voulu choisir le jeu qu'il avait indiqué.

Vous êtes sans doute étonnés qu'il se soit fait un tel chagrin pour une cause aussi frivole, mais je dois vous dire que sa maman étant beaucoup trop bonne pour lui, il avait contracté la mauvaise habitude de vouloir satisfaire tous ses caprices, et de ne pouvoir souffrir qu'on leur résistât pour la moindre chose.

Un jour qu'il y avait beaucoup de monde à dîner chez ses parents, il lui prit fantaisie d'étendre sur la nappe de la crême au chocolat avec une cuillère. Sa bonne essaya plusieurs fois de l'en empêcher, mais croyant qu'il n'aurait qu'à pleurer comme à l'ordinaire pour qu'on le laissât faire, il recommençait toujours, et se faisait du plaisir de salir la table aussi loin que son bras pouvait atteindre.

Son papa, s'en étant enfin aperçu, ordonna qu'on le fît sortir, et aussitôt il se mit à trépigner et à jeter des cris perçants. Sa figure devint toute bleue et sa gorge se gonflait d'une manière effrayante; on commençait à craindre qu'il n'eût des convulsions.

Alors un médecin de la société s'approche et dit à la maman du petit Frédéric: Madame, votre enfant est atteint d'une maladie dangereuse; si vous n'y prenez garde, elle s'augmentera en grandissant et pourra l'exposer à de graves accidents. Permettez-moi d'entreprendre de le guérir.

La pauvre mère accepta cette proposition avec reconnaissance, et M. Rude (c'était le nom du médecin) commença par faire déshabiller Frédéric, et ordonna qu'on le couchât pour le reste de la journée, ajoutant qu'il fallait avoir bien soin de ne lui donner que du pain et de l'eau pour toute nourriture.

Il recommanda en outre de l'envoyer chercher chaque fois que pareille chose arriverait.

Or, comme M. Rude avait l'air très-sévère, Frédéric se laissa coucher sans rien dire, et la crainte de le voir revenir suffisait pour le calmer, quand il était sur le point de se mettre en colère.

C'est ainsi qu'il s'est corrigé, et je puis vous assurer qu'il est devenu très-doux et très-patient.

Néanmoins il a voulu que son portrait restât tel qu'il est dans cette galerie, afin de rappeler aux enfants de son âge avec quel soin on doit éviter ce vilain défaut.

DOCILITÉ.

La docilité est la première vertu de l'enfance, car elle peut lui faire acquérir toutes celles qui lui sont nécessaires, et je ne connais personne de plus aimable et de plus heureux qu'un enfant docile.

En se conformant à la volonté de ceux qui prennent soin de lui, il est toujours sûr de bien faire, et de ne jamais nuire aux autres ni à lui-même, et d'éviter tous les chagrins et les désagréments qu'éprouvent les enfants capricieux et volontaires.

La petite Louise était tellement pénétrée de cette vérité, que quand on la mit en pension, elle demanda à Eugénie, la plus raisonnable de ses compagnes, de vouloir bien être sa petite maman et de veiller sur elle à toutes les heures de la journée.

Eugénie y consentit de bon cœur et Louise suivit si bien ses conseils qu'elle ne fut jamais ni punie ni grondée et qu'elle se fit aimer de tout le monde.

Voyez comme elle a l'air calme et heureux en étudiant sa leçon. Sa poupée est couchée dans un berceau à côté d'elle pour montrer qu'après avoir bien travaillé, elle reprendra ses jeux avec un nouveau plaisir.

ENTÊTEMENT.

Nous allons voir maintenant les inconvénients du défaut opposé à l'aimable vertu que je viens de vous citer.

François avait la mauvaise habitude de n'écouter aucun conseil, et de vouloir toujours agir d'après ses propres idées; or je vous demande où cela peut conduire un petit étourdi qui ne sait rien, et ne connaît pas même souvent le danger qui est très-près de lui.

Il était déjà arrivé à notre petit présomptueux plusieurs aventures fâcheuses qui n'avaient pu le corriger, lorsqu'en jouant, dans une prairie, avec sa sœur aînée, il aperçut dans le lointain de jolies fleurs bleues, qu'il eut aussitôt envie de cueillir.

Il dirigea donc ses pas de ce côté, malgré les avertissements d'Emmeline qui chercha à l'en détourner parce qu'elle supposait qu'il devait y avoir de l'eau sous cette verdure, ces fleurs ne croissant que dans les endroits marécageux.

Au lieu d'écouter un avis aussi sage, François se mit à courir de toutes ses forces et il arriva ainsi, sans s'en apercevoir, près d'un étang qui était au niveau de la prairie, et dont il n'avait pu apercevoir les bords à cause de la verdure qui les couvrait.

Il reconnut trop tard qu'il avait eu tort de ne pas écouter Emmeline, et déjà il disparaissait sous l'eau lorsque cette bonne sœur, entendant ses cris, accourut sur ses pas.

Quel fut son effroi en n'apercevant plus que la tête de son frère, et en le voyant réduit à s'accrocher à de frêles roseaux qui ne pouvaient le soutenir !

Une autre à sa place se serait mise à pleurer ou à chercher un secours qui serait infailliblement arrivé trop tard ; mais Emmeline, avec une présence d'esprit admirable, passa son bras autour d'un arbre pour s'en faire un point d'appui, puis allongea l'autre main à son frère, l'attira à elle de toute sa force, et parvint ainsi à le sauver. Tous deux se mirent alors à genoux pour en remercier Dieu, et François se promit bien de ne plus jamais être sourd aux bons avis des personnes plus âgées que lui.

Nous arrivâmes dans le même moment et l'on transporta le pauvre petit dans un lit bien chaud après l'avoir débarrasé de ses vêtements mouillés.

Il est représenté ici *au moment où il s'enfonce dans l'eau en voulant saisir la fleur qui l'avait attiré.*

FRANCHISE.

Oh! l'aimable qualité que la franchise! l'enfant qui la possède est agréable à Dieu, à ses parents, et toujours en paix avec lui-même.

Je me rappelle qu'étant jeune je ne comprenais pas le mensonge, et quand de méchants enfants cherchaient à m'expliquer à quoi il servait, je trouvais toujours qu'ils se trompaient dans leur calcul.

Car pourquoi mentaient-ils? pour ne pas être grondés, et ils l'étaient bien davantage. En effet, quand on découvrait leur faute, ce qui arrive tôt ou tard, on les punissait non-seulement pour l'avoir commise, mais encore pour l'avoir niée.

En supposant même que je me fusse décidée à les imiter, je n'eusse pu le faire sans rougir de honte en pensant que je me rendais coupable d'une aussi mauvaise action en présence de Dieu, qui voit tout ce que nous faisons et qui sait tout ce que nous pensons.

La petite Emélie avait été élevée dans ces principes, et elle avait tellement contracté l'heureuse habitude de dire toujours la vérité, que jamais on ne lui faisait cette humiliante question : *Est-ce bien vrai ?*

Sa maman la croyait au premier mot, et, lorsqu'elle se trouvait avec d'autres enfants de son âge, c'était toujours à elle qu'on s'adressait lorsqu'on voulait savoir comment telle ou telle chose s'était passée.

Elle recueillit surtout le fruit de la bonne opinion qu'elle avait donnée de sa franchise dans une circonstance *qui fait le sujet de ce tableau.*

Etant entrée toute seule un matin dans le salon, pour prendre sa poupée qu'elle y avait laissée la veille, elle entendit un grand bruit et vit qu'un beau vase de porcelaine dorée venait d'être renversé en morceaux. Elle regarda autour d'elle et ne vit personne ; alors, au lieu de se sauver dans la crainte qu'on crût que c'était elle qui avait cassé le vase, elle se mit à rassembler les débris, et ne songea qu'au chagrin que sa bonne mère allait éprouver.

Quelques instants après, cette dernière entre et lui dit : Que fais-tu là, Emélie ? — Maman, je ramasse ton beau vase qui est cassé.

— Comment! celui que ton père m'a donné le jour de ma fête ! Pourquoi as-tu été près de cette table où tu n'avais que faire ?

—Maman, je ne suis pas allée près de la table et ce n'est pas moi qui ai cassé le vase, je l'ai seulement entendu tomber.

— Tu sais, mon Emélie, que je suis habituée à te croire sur parole parce que tu ne m'as jamais menti, mais je ne puis m'empêcher de te faire remarquer que le salon n'avait pas encore été ouvert aujourd'hui.

— C'est vrai, maman, et cela me paraît bien étonnant; mais, je te le répète, ce n'est pas moi et je ne sais pas qui.

Toutes les personnes de la maison arrivèrent successivement : aucune n'était entrée dans le salon, et cependant on eût plutôt supposé un miracle, que d'accuser

Emélie lorsqu'elle affirmait qu'elle était innocente.

On se décidait donc à attendre l'explication de cet évènement, lorsqu'un domestique découvrit un gros chat blotti dans la cheminée. On devine alors qu'ayant été enfermé la veille, il avait sauté sur les meubles en cherchant à s'échapper, et chacun répéta : Je le savais bien que ce ne pouvait être Emélie, puisqu'elle dit toujours la vérité.

GOURMANDISE.

Je vous dirai peu de chose de la gourmandise ; c'est un vice si bas qu'on éprouve une sorte de répugnance à en parler ; les enfants qui y sont enclins semblent vouloir imiter ces animaux qui ne vivent que pour manger, et dont le nom ne se prononce qu'avec dégoût.

Ce petit glouton, qu'on a chargé de porter à sa mère des pommes sortant du four, s'empresse en route d'en manger une sans qu'on le voie, et il fait une horrible grimace parce qu'il s'est brûlé de telle façon que de bien longtemps d'ici il ne sentira plus le goût d'aucun mets, et ne pourra même prendre de nourriture qu'avec une extrême difficulté.

Il lui est arrivé mainte et mainte fois d'être malade pour avoir trop mangé ; or je ne connais rien de plus honteux que d'être obligé d'avouer qu'on souffre pour une cause semblable.

Souvent on met les gourmands au pain sec pour les punir ; quant à moi, je préfèrerais les rassasier de tout ce qui les tente jusqu'à ce qu'ils en soient dégoûtés, afin de leur faire sentir combien est vil et borné le plaisir qu'on trouve à satisfaire ce triste penchant.

La gourmandise, comme tous les vices, en engendre plusieurs autres ; en effet, on contracte quelquefois l'habitude de dérober ce qui fait envie, puis on a recours au mensonge pour cacher sa faute.

Mais je n'insiste pas, mes enfants, étant bien persuadée que vous ne connaîtrez jamais que de nom cette basse inclination.

HARMONIE.

Avez-vous jamais vu quelque chose de plus gracieux que deux sœurs qui vivent en bonne intelligence, allant au-devant de tout ce qui peut leur faire plaisir, et usant d'une indulgence mutuelle pour leurs petits défauts ?

J'ai connu les deux charmantes petites filles qui ont servi de modèle à ce tableau, et jamais je ne les ai entendues se quereller ni se refuser un service. *Dans ce moment elles sont occupées à tresser ensemble une guirlande pour la fête de leur chère maman.*

Pauline surtout se montre très-attentive pour la petite Sophie, qui est plus jeune de deux ans, et cette dernière évite tout ce qui pourrait contrarier une si bonne sœur.

Si l'on donne quelque chose à l'une, elle se hâte de le partager avec l'autre, ou plutôt, tout ce qui leur appartient est mis en commun, sans que jamais cela donne lieu à la moindre discussion.

En s'éveillant, elles s'embrassent cordialement, et font leur prière ensemble; ensuite elles travaillent dans le plus parfait accord; et si les récréations de l'une sont suspendues, l'autre cesse à l'instant ses jeux, et ne les reprend que quand sa sœur peut y participer.

Leurs parents sont si heureux de cette bonne intelligence qu'ils ont toujours soin de leur donner des vêtements semblables, de les séparer le moins possible; et chaque soir, en les pressant sur leur cœur, ils prient Dieu de permettre qu'elles s'aiment toujours ainsi.

INDISCRÉTION.

On confie rarement un secret à un enfant, parce que son âge ne lui permettrait pas d'en comprendre la valeur, et qu'il lui serait quelquefois difficile de le garder. Cependant vous devez vous habituer de bonne heure, mes petits amis, à ne jamais parler inutilement de ce que vous avez vu et entendu, et surtout à ne pas chercher à pénétrer ce qu'on paraît vouloir vous cacher, car la curiosité conduit tout naturellement à l'indiscrétion ; puisqu'on ne veut savoir, en pareil cas, que pour le plaisir de se faire écouter en le racontant à d'autres.

La petite que vous voyez montée sur une chaise devant cette armoire ne s'est corrigée du malheureux défaut dont je vous parle qu'après avoir causé la ruine d'une excellente femme qui lui avait servi de mère jusqu'à l'âge de sept ans.

A cette époque, le pasteur de l'endroit vint réclamer Annette de la part de ses parents qui étaient en pays étrangers ; puis, après avoir parlé à voix basse à la nourrice, il lui remit, de leur part, une lettre qu'elle serra en pleurant, parce qu'elle était plus sensible à la pensée de se séparer de sa fille adoptive qu'au plaisir que devait lui faire éprouver ce que le bon prêtre lui avait dit.

Annette, qui avait tout remarqué, désira vivement connaître le contenu de la lettre, et aussitôt que sa nourrice fut sortie, elle courut à l'armoire, s'en empara, et se disposait à l'ouvrir, lorsqu'un homme se présenta à la porte ; et voyant qu'elle était seule, lui dit d'un ton amical : « Que tenez-vous là, ma petite ? »

Annette, qui était très-bavarde, répondit d'un petit air important : « C'est une lettre que M. le curé a donnée à ma nourrice, voyez ! »

L'homme en question prit le papier avec indifférence, parce qu'il était beaucoup plus occupé de regarder à droite et à gauche s'il y avait quelque chose à prendre ; mais il ouvrit bientôt de grands yeux en découvrant entre les deux feuilles un billet de banque de mille francs qu'il mit adroitement dans la poche de son gilet; il rendit ensuite le papier à Anette, en disant : « Adieu, la petite, je suis pressé ; » et remontant aussitôt à cheval, il s'éloigna au galop.

La nourrice rentra quelques instants après; et voyant la lettre entre les mains d'Annette, elle s'écria : « Jésus Maria ! qui est-ce qui aurait pensé que cette petite fille aurait touché à cela ? » Mais quel fut son effroi en s'apercevant que le billet, dont M. le curé lui avait appris la valeur, n'y était plus !

Annette protesta qu'elle n'y avait pas touché, et finit par avouer qu'elle avait seulement fait lire la lettre à un étranger.

La pauvre femme comprit de suite qu'elle avait été volée, et dit à Annette en sanglottant : « Malheureuse, qu'as-tu fait? non-seulement tu vas partir, mais encore tu m'ôtes mon pain ! »

Annette pleura beaucoup, mais ses larmes ne purent empêcher sa nourrice d'aller à l'aumône ; car les parents de la petite, ayant perdu toute leur fortunc, avaient été obligés de vendre jusqu'à leurs bijoux pour acquitter cette dette sacrée.

JALOUSIE.

A peine la *bonne amie* avait-elle fini de parler, que les enfants s'écriaient tous ensemble : *Quelle est cette petite fille qui laisse là ses joujoux et qui tourne le dos à ce berceau, pour aller bouder dans un coin ?*

— C'est Anna, *la petite jalouse*. Depuis que son frère est revenu de nourrice, elle ne peut se consoler de n'être plus le seul objet des caresses de ses parents, et au lieu de faire accueil à ce pauvre petit, qui lui tend les bras en souriant, elle le repousse, abandonne sa poupée, et souvent même elle refuse de manger ; aussi voyez comme elle est maigre ! comme elle devient laide ! bientôt elle tombera malade et peut-être même elle en mourra.

C'est ainsi que Dieu punit les enfants égoïstes qui voudraient que tout fût pour eux. Oh ! détournons vite notre attention d'un aussi triste tableau, car la jalousie est encore un vice bien honteux; il ne peut trouver place que dans un mauvais cœur, et je veux croire qu'aucun de vous n'en est capable.

LOYAUTÉ.

Oh ! voici mon cher petit savoyard, au moment où il me rappore les cinq pièces d'or qu'il a trouvées en vidant la suie qu'il avait ramassée dans ma cheminée.

Pour ce pauvre enfant, qui avait beaucoup de peine à gagner quelques sous, et qui manquait souvent du nécessaire, cent francs étaient une fortune ; mais sa mère lui avait dit en partant : *Sois laborieux ; ne touche jamais au bien d'autrui, et Dieu ne t'abandonnera pas.*

Ces paroles étaient restées gravées dans

son cœur et dans sa mémoire, et jamais il ne s'est laissé tenter par quoi que ce soit.

Je suis sûre que vous désirez savoir comment cet or se trouvait dans ma cheminée ; je ne l'ai jamais su moi-même ; aussi quand Pierre voulut me le rendre, je lui dis : « Mon ami, tu as fait ton devoir ; mais probablement la personne qui a caché là ce petit trésor n'existe plus, puisque je n'en ai jamais entendu parler depuis vingt ans que j'habite ce château ; ainsi tu peux en disposer comme d'un bien que Dieu t'a envoyé pour récompenser ta bonne conduite et ta loyauté. Dis-moi ce que tu veux en faire ?

—Envoyez-le, s'il vous plaît, à ma mère, madame, parcequ'elle a bien de la peine à vivre dans nos pauvres montagnes. »

Je fus si touchée des bons sentiments de Pierre, que non-seulement j'envoyai les cent francs à sa mère, mais que je le fis encore habiller proprement, et le plaçai dans une bonne maison, sous la conduite d'un maître intelligent qui lui apprit un état.

Vous verrez comme il a bien profité de ce que j'ai fait pour lui. Passons, nous le etrouverons bientôt.

MALPROPRETÉ.

Le petit Ernest avait la mauvaise habitude de se rouler par terre, d'aimer à toucher à ce qui est sale; en sorte qu'on avait beau le changer très-souvent de vêtements, il était toujours en désordre des pieds à la tête; et chaque fois qu'il arrivait à table, ses mains et sa figure étaient tellement barbouillées, que son papa le menaçait toujours de le faire dîner à la cuisine.

Cependant, comme il grandissait sans se corriger, il résolut de lui tenir parole, et la première fois qu'il se présenta devant lui d'une manière aussi peu convenable, il le renvoya en effet.

Mais la cuisinière, qui était très-propre, ne voulut pas non plus le recevoir, et lui mit son dîner à côté de celui du chat, *qui cherche, comme vous le voyez, à partager avec lui.*

Quant à Ernest; il fut tellement humilié de se trouver en semblable société, qu'il est devenu en peu de temps aussi soigneux qu'il avait été jusque-là malpropre et insouciant.

NONCHALANCE.

La nonchalance est un défaut qui conduit à celui que nous venons de nommer et à beaucoup d'autres plus fâcheux encore ; et les enfants doivent réellement remercier Dieu chaque jour de leur avoir donné de bons parents qui les corrigent de bonne heure, et leur évitent ainsi une foule d'incouvénients pour le reste de leur vie.

Caroline était naturellement nonchalante. Le matin on avait une peine infinie a la faire lever ; ensuite elle était très-longtemps à s'habiller, et ne remettait en place aucun des objets dont elle s'était servie : puis au moment de sortir il lui manquait toujours quelque chose.

Sa maman lui avait en vain fait à cet égard toutes les représentations possibles. Lorsqu'elle en vit l'inutilité elle se décida à lui faire subir les conséquences de son peu d'activité.

A dater de ce moment on ne la réveillait qu'une fois, et lorsqu'elle n'était pas prête à l'heure du déjeûner, elle ne trouvait plus qu'un morceau de pain au lieu de la bonne tasse de lait chaud qui avait été préparée pour elle.

On confisquait également tous les joujoux qu'elle laissait traîner au lieu de les ranger dans l'armoire qu'on lui avait donnée à cette intention, et elle ne les revoyait pas de bien longtemps.

Enfin, si elle avait perdu ou déchiré, faute de soin, quelque partie de ses vêtements, on la laissait à la maison au lieu de l'emmener à la promenade.

La voyez-vous *qui pleure derrière la porte par laquelle tout le monde vient de sortir.*

Je vous assure qu'à l'avenir elle sera plus active et plus soigneuse ; grâce à la juste sévérité de sa maman, elle commence à en comprendre la nécessité.

ORDRE ET OBLIGEANCE.

Caroline, *que vous voyez occupée si attentivement à écrire,* était une petite pensionnaire à la fois très-soigneuse, et très-obligeante. Elle faisait de bon cœur le sacrifice de ses joujoux pour amuser ses compagnes, mais elle n'aimait pas qu'il lui manquât quelque chose d'essentiel pour ses études ou ses devoirs en général.

Comment faire cependant pour prêter ses cahiers ou ses livres sans être exposée à en manquer elle-même, ou à ce qu'ils fussent tachés ou déchirés ? Elle inventait mille moyens ingénieux parmi lesquels je me contenterai de vous en citer un qui suffira pour vous donner une idée de sa bonne volonté et de son exactitude.

Elle avait la patience de copier tous ses cahiers deux fois, et l'un des exemplaires était destiné à celles qui en avaient besoin, puis en le prêtant elle leur disait : ayez-en bien soin, c'est votre bien ; si vous le perdez ou si vous l'abîmez, vous en serez privée.

Par cette conduite, à la fois bienveillante et sage, Caroline s'était acquis un tel ascendant sur ses compagnes, que toutes se faisaient un plaisir de seconder ses bonnes intentions en lui rapportant intacts les objets qu'elle leur avait confiés.

POLTRONNERIE.

Un enfant poltron, est à la fois ridicule et malheureux, *comme ce petit Paul qui n'ose plus descendre de cette chaise,* parce qu'il a vu une souris dans la chambre.

Remarquez que la pauvre petite bête, effrayée par le bruit, se sauve bien vite dans son trou, sans songer le moins du monde à lui faire mal ; mais il n'en continue pas moins à crier bien fort, et à appeler à son secours, comme si le feu était à la maison.

Dans un instant on va arriver, et chacun se moquera d'autant plus de lui, que ces sortes d'aventures se renouvellent très souvent.

Ne s'est-il pas avisé dernièrement de monter sur une échelle mal posée parce qu'un petit chien cherchait à jouer avec lui? A peine eut-il mis le pied sur le premier échelon, qu'il tomba à la renverse dans une mare où heureusement il n'y avait pas assez d'eau pour le noyer.

S'il ne se corrige pas il deviendra infailliblement la risée de tout le monde, et s'exposera même souvent à un danger réel pour en fuir un imaginaire.

L'ENFANT QUERELLEUR.

L'enfant querelleur est l'effroi de ses camarades : lorsqu'il arrive, tous les visages, si joyeux un instant auparavant, se rembrunissent à son approche, et c'est à peine si on ose l'admettre, parce que l'on sait d'avance que, de quel que manière que l'on s'y prenne, il est impossible d'éviter les effets de son mauvais caractère.

A peine a-t-il pris part au jeu que la bonne harmonie cesse tout-à-coup; c'est en vain qu'on le place auprès des enfants les plus doux et les plus patients; il parvient à les lasser tous par son humeur difficile et hargneuse, et l'on se voit bien souvent obligé de l'expulser.

Aussi vous voyez *qu'il est tout seul dans ce jardin, que ses camarades ont déserté pour avoir la paix.*

RECONNAISSANCE.

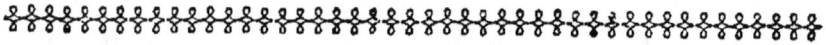

Voyons, mes petits amis, devinez *quel est ce voyageur qui frappe à la porte d'un château.*

C'est le château où nous sommes, s'écrièrent les enfants, mais nous ne connaissons pas ce monsieur.

Eh! bien, c'est Pierre, le Savoyard, reprit *la bonne amie*, je vous avais bien dit que nous le retrouverions.

Après un certain nombre d'années d'un travail assidu, il se trouva très à son aise, et songea à retourner dans ses montagnes ; mais il voulut me remercier avant de partir, car un bon cœur n'oublie jamais le bien qu'on lui a fait, et c'est un besoin pour lui d'en témoigner sa gratitude.

Lorsque Pierre m'eut dit combien il était heureux de se trouver, par ses économies, en état de pourvoir à tous les besoins de sa vieille mère, il me pria de reprendre les cent frencs trouvés dans la cheminée, pour aider quelque autre Savoyard aussi pauvre qu'il l'était alors ; et, après m'avoir exprimé de nouveau sa reconnaissance, il partit heureux et gai, comme on l'est toujours lorsqu'on a fait une bonne action.

LA PETITE FILLE STUDIEUSE.

Henriette avait un petit frère qu'elle aimait beaucoup, et l'orsqu'il fut question de le mettre à l'école, elle en éprouva un grand chagrin ; alors sa mère lui dit : Je consens à ce que Charles reste avec toi si tu veux te charger de lui enseigner à lire et à écrire, et par la suite tout ce qu'il devra apprendre, car je n'ai pas le temps de m'occuper de vous deux.

Oh! merci, maman, dit-elle, je vais faire bien attention à tout ce que tu me diras, et je le lui répéterai; puis quand il apprendra bien sa leçon je lui donnerai des bonbons.

A dater de ce jour-là, la charmante enfant ne perdit plus un mot de tout ce que sa mère lui enseignait; elle s'appliqua tellement afin de pouvoir instruire son frère, qu'on ne l'appelait plus autrement que la petite fille *studieuse*.

La voici, elle est occupée à faire lire Charles, et comme il l'aime aussi, il écoute avec la plus grande attention sa petite institutrice.

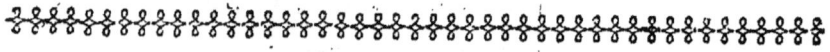

TÉMÉRITÉ.

Vous avez ri tout-à-l'heure aux dépens du petit poltron, et certes il le mérite bien, mais le défaut opposé ne doit pas être moins soigneusement évité, quoiqu'il paraisse, au premier abord, être le résultat du courage.

Un enfant, n'ayant point encore assez d'expérience pour apprécier le danger, doit toujours, ainsi que nous l'avons déjà remarqué au sujet de l'entêtement, se montrer très-docile aux avertissements des personnes plus âgées que lui, ainsi que va nous l'apprendre l'exemple de Victor.

Ce petit téméraire, loin d'agir comme nous venons de le recommander, ne se plaisait que dans les endroits périlleux. Non-seulement il grimpait aux arbres comme un chat, mais son plus grand plaisir était de courir sur le toit en sortant par une fenêtre du grenier pour rentrer par une autre.

Un jour qu'il faisait sa promenade favorite autour d'un bâtiment moins élevé, sa bonne imagina pour le punir de fermer les fenêtres en dedans, afin qu'il fût obligé de demander grâce, puis elle retourna dans la cour pour jouir de sa confusion.

Mais ce malheureux enfant, qui ne voulut pas s'avouer vaincu, sauta d'un seul bond sur le pavé et se cassa sa jambe.

C'est pour cela que vous le voyez marcher avec des béquilles qu'il ne pourra quitter de longtemps. Gardez-vous donc bien de vous laisser jamais aller à de semblables bravades.

URSULE
OU LA PETITE FILLE LABORIEUSE.

La mère d'Ursule était très-pauvre, très-pauvre, et pendant longtemps cette bonne petite fille fut bien fâchée d'être trop jeune pour pouvoir l'aider; mais aussitôt que ses forces le lui permirent, elle ne fut plus occupée qu'à dédommager sa chère maman de la peine qu'elle avait eue à l'élever.

Dès qu'il faisait jour, elle se levait avec précaution et rangeait le petit ménage; puis elle se mettait à coudre, et, comme le désir d'être utile l'avait rendue adroite de bonne heure, elle raccommodait très-bien ses petites affaires à l'âge où l'on ne travaille souvent encore que pour sa poupée.

Le soir, il fallait qu'on fît semblant de se fâcher pour la décider à se coucher, et, quelquefois, lorsque sa mère était endormie, il lui arrivait de se glisser hors du lit, de rallumer la lampe et (*comme vous le voyez*) *de reprendre son tricot.*

Mais les enfants ayant encore plus besoin de sommeil que les grandes personnes, le bon Dieu permit qu'une dame du voisinage, touchée de ses heureuses dispositions, donnât, chez elle, à la mère d'Ursule, une place honorable qui suffisait à tous ses besoins. L'aimable enfant n'en continua pas moins à bien employer son temps, comme elle en avait pris l'excellente habitude.

VANITÉ.

La vanité est un sot amour-propre qui a pour objet des choses frivoles, telles que de beaux meubles, de riches vêtements, et autres objets de ce genre, qui n'ont aucune valeur aux yeux de Dieu et des gens sensés.

Je ne connais rien qui m'inspire plus de pitié et de dédain que l'enfant enclin à ce travers; cependant je vais vous expliquer quel est *ce petit garçon occupé à fendre du bois*; c'est Adolphe; le fils d'un riche négociant qui a gagné sa fortune par son travail, et qui n'y attache du prix que parce qu'elle le met à même de faire des heureux.

Adolphe avait contracté l'habitude de traiter durement tous ceux qu'il supposait n'être pas aussi riches que lui, et notamment le fils du concierge, qui ne s'en plaignait pas dans la crainte de le faire punir.

Le père du petit vaniteux le surprit au moment où il disait à Julien: Tu es obligé de m'obéir, sans cela je te ferai chasser.

— Vous vous trompez, mon fils, répliqua M. Bernard en se montrant tout-à-coup; car je vais au contraire mettre Julien à votre place et vous à la sienne; vous avez besoin d'apprendre à vos dépens à respecter ceux qui vous évitent une foule de travaux pénibles. Désormais vous tirerez le cordon, vous balaierez la cour et les escaliers et vous fendrez du bois, jusqu'à ce que vous soyez devenu plus humble et plus compatissant. »

Adolphe, connaissant la juste sévérité de son père, se soumit avec résignation, puis ensuite il lui promit de ne jamais oublier la leçon qu'il lui avait donnée, et pour preuve de son entière conversion, il demanda que Julien fît ses études avec lui, et il le traita toujours depuis comme un frère.

XAVIER
OU L'ENFANT CHARITABLE.

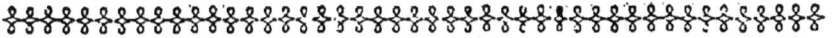

Nous avons vu, au second tableau, un enfant aimable et compatissant pour tous ses camarades ; mais Xavier montra de bonne heure des dispositions plus précieuses encore.

Il ne pouvait voir un malheureux sans que son petit cœur en fût ému, et toujours il était préoccupé de ce qui devait manquer à ceux qu'il rencontrait.

Il questionnait journellement son père et sa mère à ce sujet ; et le plus grand plaisir qu'on pût lui faire était de lui permettre d'économiser l'argent qu'on dépense ordinairement en joujoux, pour le donner à l'entrée de l'hiver à ceux qui manquaient de pain, de feu, ou de vêtements.

Dans ce moment, il rencontre un vieillard en allant à sa pension, et ce dernier lui ayant dit qu'il a faim, il lui donne son déjeûner, que le pauvre homme mange avec avidité.

Oh! mon Dieu, se dit en lui-même Xavier, combien je voudrais être riche pour pouvoir donner à tous ceux qui ont besoin ! Mais je vais bien étudier, afin d'être en état de gagner de l'argent quand je serai grand, et jamais je n'achèterai de choses inutiles, car je penserai toujours à ceux qui ont faim.

Il arriva tout préocupé de cette bonne pensée et fut, comme à l'ordinaire, l'exemple de la classe.

Dieu bénit ses intentions, et aujourd'hui il occupe, par ses talents, un poste honorable, où il a le bonheur de pouvoir soulager un grand nombre de malheureux.

YVES

OU L'ENFANT COURAGEUX.

Yves à neuf ans était déjà très-fort pour son âge, et il n'abusait jamais de la supériorité qu'elle lui donnait sur les autres enfants. Son plaisir était, au contraire, de venir en aide à ceux qui étaient plus faibles que lui ; aussi il était aimé de tous ses camarades, et c'était toujours à lui qu'ils s'adressaient lorsqu'ils avaient besoin d'appui. Il était si bien pénétré de ce rôle qu'en présence d'un danger quelconque, au lieu de fuir, il examinait de suite s'il ne pouvait pas aider les autres à en sortir.

Il serait trop long de vous raconter tous les actes de courage qu'on cite de lui ; et comme la journée est assez avancée, je me bornerai à vous expliquer que *vous le voyez lorsqu'il vient de rencontrer un pauvre aveugle conduit par un enfant qui ne peut plus marcher parce qu'il s'est blessé. Il a placé l'enfant sur ses épaules, puis il donne la main au vieillard* et rentre ainsi comme en triomphe chez ses parents, où chacun s'empresse de le féliciter de sa bonne action.

ZÈLE.

Je ne puis mieux terminer la revue de *mon petit musée,* mes enfants, qu'en vous faisant remarquer le tableau qui fait pendant au premier que je vous ai montré. Là, c'est une jeune fille qui prie Dieu comme elle l'aime, c'est-à-dire, de tout son cœur; ici, c'en est une non moins intéressante par son zèle à s'instruire de tout ce que la religion nous enseigne.

Ce livre qu'elle tient avec respect, et qu'elle étudie avec recueillement, c'est un catéchisme que son grand-papa lui a donné en lui disant : Ma chère enfant, relis souvent le dernier paragraphe du premier chapitre, et tu y verras que la base de la science, des devoirs et du bonheur, c'est la religion, puisque Dieu ne nous a créés que pour le connaître, l'aimer et le servir.

IMPRIMERIE DE J.-B. GROS, RUE DU FOIN-SAINT-JACQUES, 18.

www.ingramcontent.com/pod-product-compliance
Lightning Source LLC
LaVergne TN
LVHW021705080426
835510LV00011B/1597